メニューの操作方法

JN070013

DVD メニューの…

DVDをプレーヤーにセットする

●取り出したDVDをプレーヤーにセットします。

●左の写真のように、親指と人差し指で持ち、DVDの裏面を指で触らないようにします。

●もし指で触ってDVDの裏面が汚れてしまった場合は、クリーニング専用の布で丁寧に拭き取って下さい。

●DVDをセットすると、メインメニューが表示されます。

00	準備式 （チー・シー）
01	並歩点剣 （ビン・ブー・ディエン・ジェン）
02	独立反刺 （ドゥ・リー・ファン・ツー）
03	仆歩横掃 （プー・ブー・ホン・サオ）
04	向右平帯 （ファン・ヨウ・ピン・ダイ）
05	向左平帯 （ファン・ズオ・ピン・ダイ）
06	独立揄劈 （ドゥ・リー・ルン・ピー）
07	退歩回抽 （トゥイ・ブー・フイ・チョウ）
08	独立上刺 （ドゥ・リー・シャン・ツー）

DVD Book
超スロー
32式太極剣

第1段

通し演武のページへ

■00式から08式の演武を繋げて見る

正面から見る
背面から見る

2段のページへ

● DVD の読み込みが終わると、テレビ画面には『第一段』のメニューが表示されます。

◀この袋の中には DVD が2枚入ってます。

● 『00式 ～ 08式』の型を選んだ場合

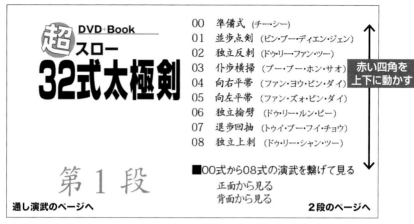

DVD+Book
超スロー
32式太極剣

第1段

通し演武のページへ

00 準備式 （チー・シー）
01 並歩点剣 （ビン・ブー・ディエン・ジェン）
02 独立反刺 （ドゥリー・ファン・ツー）
03 仆歩横掃 （ブー・ブー・ホン・サオ）
04 向右平帯 （ファン・ヨウ・ピン・ダイ）
05 向左平帯 （ファン・ズォ・ピン・ダイ）
06 独立掄劈 （ドゥ・リー・ルン・ピー）
07 退歩回抽 （トゥイ・ブー・フイ・チョウ）
08 独立上刺 （ドゥ・リー・シャン・ツー）

赤い四角を
上下に動かす

■00式から08式の演武を繋げて見る
　　正面から見る
　　背面から見る

2段のページへ

● 『第1段』のメニューの中から、お好みの『式』を選びます。

ご覧になりたい項目をDVDプレイヤーのリモコンの十字キーを使い、
赤マークを上下に移動して選択し、決定します。

準備式

■解説を見る
　　再　生

■何度も繰り返して見る
　　正　面
　　背　面

第一段メニューへ　　　　　　　　2式にすすむ

●ここでは、例として『00 準備式』を選択します。

● 『解説を見る』を選んだ場合

　●『準備式』のメニューで『解説を見る』を選ぶと、著者が太極拳を演
　武しながらナレーションで解説をします。

手に取るようにわかる親切な解説

第01式　並歩点剣

正面解説

●著者が表演しながら、動きに合わせて解説します。
●ゆっくりと動きながら解説するため、十分に理解することができます。

見誤りやすい剣の使い方を詳しく説明

第01式　並歩点剣

正面解説

●太極剣では、剣の使い方の種類がたくさんあります。
●その違いや特徴を丁寧に解説しております。

第01式　並歩点剣

正面

●型をひと通り解説したら、最後に正面と背面の型を通した演武が表演されます。

● 『何度も繰り返して見る』 を選んだ場合

● 『何度も繰り返して見る』は、一つの式を何度も何度も繰り返して自動再生してくれるモードです。各式の動作の再生が終わると自動でその式の頭に戻って再生してくれるので、いちいち、リモコンで操作する必要もありません。

●再生を始めたら、ただ、演武を見て練習するだけなのです。

正面モード　　　　　　　　　　　　　**背面モード**

●お好みの向きを選べるように、『正面』と『背面』を用意しました。

●メニュー画面に戻りたい場合は、リモコンのメニューボタンを押すと上記の画面のメニューに戻ります。

●再生の速度は、スローモーション（×4倍スロー）のため、かなりゆっくりと再生されます。

● 『01式 ～ 08式』をひと通り覚えたら

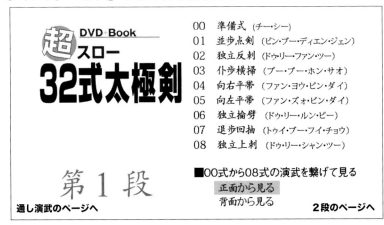

● 『第一段』のメニューの式をひと通り覚えたら、次に『00 ～ 08式』を繋げて練習してみましょう。その時に役に立つのが、メニュー画面の下方にある『00式から08式の演武を繋げて見る』となります。

正面モード

背面モード

お好みの向きを選べるように、『正面』と『背面』を用意しました。
動画はスローモーションで再生されます。

●起勢から収勢（頭から最後）まで通した演武を見る

DVD+Book
超スロー
32式太極剣

第1段

ココ！→ **通し演武のページへ**

2段のページへ

●この2枚のDVDには、32式太極剣を頭から最後まで演武を通した映像が収録されています。

●上記のメニューで、リモコンの十字キーの『**左ボタン**』を押すと、下記の『**通し演武のメニュー**』に移動します。

DVD+Book
超スロー
32式太極剣

通し演武（スローモーション）

正面・スロー　← 赤い四角を上下に動かす

背面・スロー

2段のページへ　　　　　　　　　　　　　　**1段のページへ**

●通常のスピードとスローモーションを用意しましたので、ご希望のスピードでお楽しみ下さい。映像は、『正面』『背面』を選べます。

正面モード　　　　　　　　　　背面モード

お好みの向きを選べるように、『正面』と『背面』を用意しました。

●注　意

1枚目に**スローバージョン**、2枚目に**通常速度**が収録されてます！

● DVD 使用上のご注意
ＤＶＤビデオは、映像と音声を高密度に記録したディスクです。
ＤＶＤプレーヤー、ＤＶＤ再生機能付きパソコンでご覧になれます。
なお、プレーヤーの機種によっては、正常に動作しない場合があります。
詳しくはご使用になるプレーヤーの説明書をお読みになるか、プレーヤーメーカーにお問い合わせ下さい。
ＤＶＤプレーヤーのシステムが旧タイプの場合、ＤＶＤが再生できないことがあります。
ＤＶＤプレーヤーとハードディスクが一体になっている機器は、システムを最新にすることにより、再生することが可能になります。（実証済み）
システムの改善の仕方は、ＤＶＤプレーヤーの説明書をお読みください。

● DVD 取り扱いについて
ディスクはじかに指で触ったり、床などに置いて傷等を付けないように丁寧に取扱って下さい。
汚れた場合はクリーニング専用の布で丁寧に軽く拭き取って下さい。
使用した後は不織布（付属の袋）に入れて保管して下さい。
ディスクに傷が付いた場合、再生不能になることがあります。

●著作権と免責事項
ＤＶＤは一般家庭での使用を目的に販売されております。
第三者への配布及びレンタルは、法律で禁止されております。

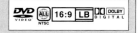

はしがき

　私は、太極拳（剣）の動きは元々、動きが遅いから、通常の速さで動きを紹介すれば、それで事が済むと思い込んでいました。それは、私自身が太極拳（剣）を演武できるから動きが遅いと考えられることであって、初めて習う人にとっては、両手・両足を同時に動かし、体重移動や体の向きを確認しながら演武することなど、思った以上に演武が速く感じるものだったのです。

　2005年春、私は32式太極剣の解説書『太極剣三十二式』を出版しました。当時、初級者向けに企画したつもりでしたが、上手く出来るための太極拳をテーマにしてしまったために、やや中級向けの企画になってしまったのです。その後、出版社と日々、試行錯誤しながら企画をまとめ上げたのが、本書『超スロー32式太極剣』なのです。

　本書の内容は、正面と背面の二種類の写真を並べて閲覧しております。動画では、ちょっと速すぎて確認できない演武も、書籍では写真を見ながら動きを確認し、覚えることができます。

　DVDは、1枚目の型解説のDVDでは『ゆっくりと動き、平易な言葉』で解説しています。初めての方でも手にとるような感じで理解できます。

　2枚目の練習用のDVDでは、『何度も繰り返すモード』、『段に別けて覚えられるモード』などを正面と背面等からお好みのモードを選ぶことができます。

　更に、通常の動きより、ゆっくり演武したバージョンも用意しました。再生スピードがゆっくりになっており、画面の動きに合わせて確認をしながら、両手・両足を動かすことができ、カンタンに覚えられるモードとなっております。

　また、多くの愛読者に強く要望をされたことは、『教室で学ぶときの先生の背中側から見た演武の映像が欲しい』との事でした。今回は、その『背中から見るモード』を搭載しました。この演武を見ることにより、前後左右に同じ方へ移動ができ、映像に合わせて手足をモノマネするだけで簡単に覚えやすい動画となっております。

もくじ

2枚組

DVD+Book

中国制定太極拳

超スロー

32式太極剣
たいきょくつるぎ

大畑 裕史 著

ナレーション解説
・32式太極剣の基本の使い方をやさしく解説！
・型の解説は、通常の動きよりゆっくりと動いた
演武に合わせてナレーションで説明
・正面・背面の2パターンを使って丁寧に解説

演武練習用DVD
・先生と同じ向きで、同一行動をする事で学べる
・前後の2つ型を並べて動作のつなぎを見られる
・通し演武は、標準よりゆっくりと表演するため
目で追えるので置いて行かれる事がない

AIRYUDO

32式太極剣 ── 全動作解説

足の運び・軌道の図

 足底が着いている状態

 つま先が着いている状態

 カカトが着いている状態

 足が着いていない状態

剣の向き

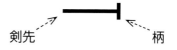

剣先　　　　　　　　　　柄

（例）上の図のは、左を向いている状態になります。

１．リラックスした状態で両足を揃えて立ちます。

２．左足を左へ肩幅と同じ程に開きます。

３．前に向かって跳ね上げるように、

４．両手を肩まで上げます。

13

5．体を右へ向けて、左手は顔前を払い、右手は右腰横を通します。

6．重心を左足にかけて、左手を胸前に寄せます。

7．左足は寄せてつま先をつけ、右手を肩の高さと合わせます。

8．左足を左へ踏み込み、右肘を曲げます。

9．重心を左足へかけ、左手はお腹の前を通してから左腰横まで払います。

10．右足はカカトを蹴り出し弓歩となり、右手を前に進めます。

1. 右手は指先を前
へ向け、左足はカカ
トを浮かせます。

2. 左肘を曲げて左手は掌を
下に向け、剣は刃を横にして
水平に保ちます。右手は掌を
上へ向けます。

3. 右足を前へ踏み
込み、左手は右手
の上を通します。

4. 左足を左前へ踏み込み、両手は前後に伸ばします。

5. 重心を左足へかけ、右手は肘を曲げて顔へ近づけます。

6. 弓歩となり体の向きを左へ向け、右手は指先を左手首に合わせます。

第01式　並歩点剣 （ビン・ブー・ディエン・ジェン）　**bìng bù diǎn jiàn**

7．右手は開いて、

8．剣の柄（つか）を
握ります。

9．剣を右手に持ちか
えて、左手は指先を右
手首に合わせます。

1　　　2　　　3

10．右手をお腹
まで下げて、剣先
を上へ向けます。

11．剣を前へ倒して、
重心を左足にかけます。

12．右手を胸前へあげ
て、剣先を斜め下へ向け
ます。両足を揃えます。

4

振る
5

6

1. 重心を左足に
かけて、右足をあ
げる準備をします。

2. 剣先をあげな
がら、右足は斜め
後ろへ下げます。

3. 剣先を斜め上に向けて、
右足はつま先をつけます。

1

2

3

4．重心を右足にかけ、
両手をお腹まで引きます。

5．体を右へ向け、剣
は右足の前を通します。

6．左足は膝を伸ばし
て、カカトを浮かせま
す。剣を体の右へ払い、

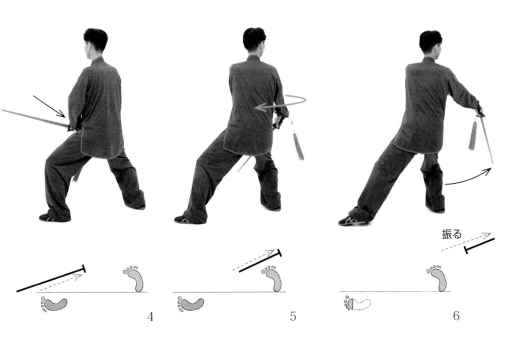

振る

4

5

6

7．右手首を返し、
右掌を右側に向け、

8．剣先を上げます。
左足は右足に寄せて、
つま先をつけます。

9．左手は右肩の
前へ移し、剣先を
上へ向けます。

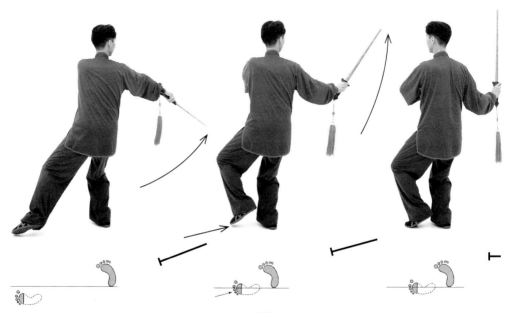

10. 体を左へ向
け、左手は左肩の
前へ進めます。

11. 右膝を伸ばし、
剣を頭上へあげます。

12. 片足立ち（独立歩）と
なり、左肘と左膝を近づけ
ます。※肘と膝はつけない。

1．独立反刺より、

2．右膝を曲げて、腰を落とします。

3．体を右へ向け、左足は後ろへ下げます。

4．左手は右肩の
前へ移します。

5．剣は、剣の刃を縦に
して右側へ振り下ろし、
左足はカカトをつけます。

振る

6．腰を軽く落とし、左手はお腹の前を通します。右手を腰まで下げて、

7．剣の刃を水平にして、左手は左腰横へ引いて、左足は、つま先をあげます。

8．左足はつま先を外へ開き、そのまま重心を左足にのせます。

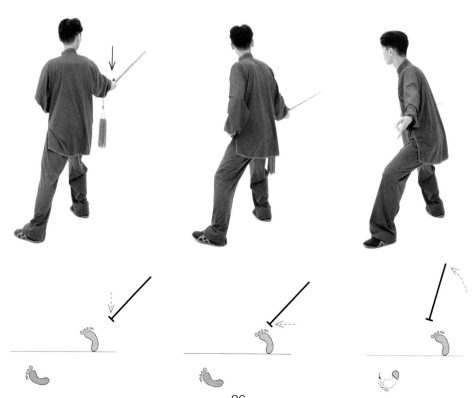

9．右手を前方へ移し
ながら、剣先は右側を
通し、前へ払います。

10．重心を左足に
のせて、右足はつ
ま先をあげます。

11．右足はつま先を内
に入れ弓歩となり、左
手は頭上へあげます。

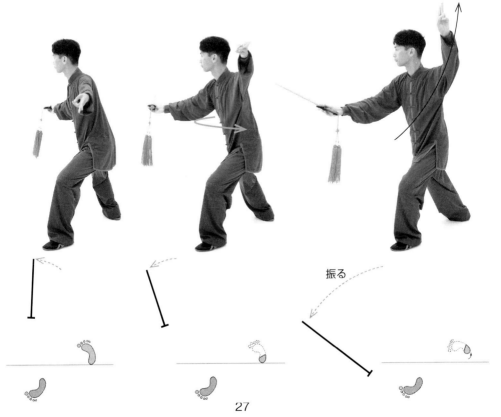

振る

1．仆歩横掃より、　　　　2．重心を左足にかけて、　　　3．右足は左足に寄せ、左腰横で、左手は指先を剣のツバに合わせます。剣先は左前へ向けます。

4．右足を右へ踏み込み、

5．カカトをつけ、剣は左へ向けて軽く差します。

6．重心を右足にかけて弓歩となります。剣を右へ移し、右手は掌を下へ返します。この時、剣先は左へ向けます。

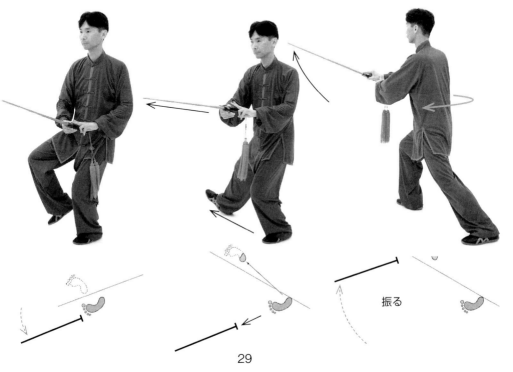

振る

1．向右平帯より、

2．重心を右足にかけ、

3．左足を右足へ寄せます。両手を右腰横へ引き、剣先は右へ向けます。

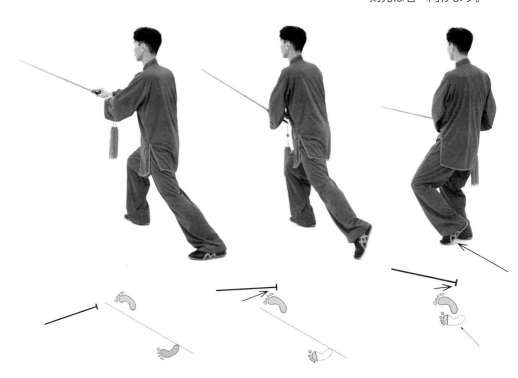

4．左足を左へ踏み込み、

5．そのまま重心をかけます。左手はお腹の前を通し、剣は右へ軽く刺します。

6．左弓歩となり、左手は頭上にあげます。左手は掌を上に返して、剣を左へ払います。

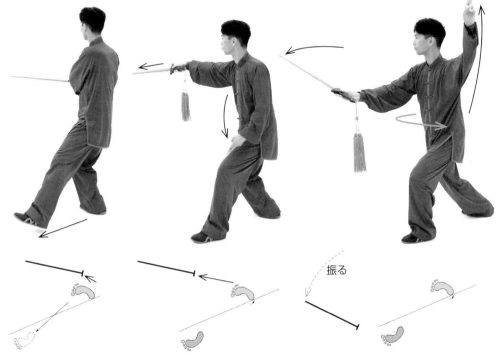

振る

1．向左平帯より、　　2．重心を左足にかけ、　　3．右手首の力を抜いて、
　　　　　　　　　　　　　　　　　　　　　　　　　剣先を斜め下へ向けます。

4．右足を左足に寄せて、右前腕に左手を近づけます。

5．右手首を内へ回して掌を上に向け、剣の軸を回転させます。

6．右足を前へ踏み込み、左手はお腹の前で掌を上へ向けます。

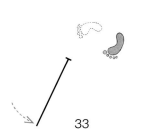
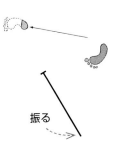

振る

7．右手は頭上
へあげて、左手
は後方へ払い、

8．重心を右足にかけ、
剣を振り上げます。

9．体をやや前に倒し、左
手は体の後ろへ伸ばします。

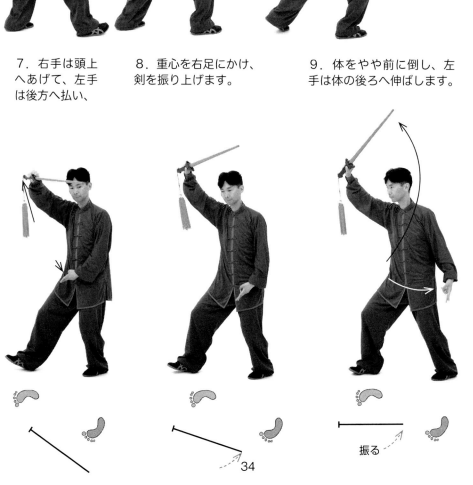

振る

10. 左足を右足へ引き寄せ、片足立ちとなります。

11. 左手は頭上にあげ、剣を体の前へ向けて振り下ろします。剣先と軸足の右膝の高さを合わせます。

振る

1. 独立掄劈より、

2. 右膝を曲げて、腰を落とします。左足を後ろに引いて、つま先をつけます。

3. 重心を左足にかけます。右手首を外側へ回し、右手は掌を上に向けて、剣の刃を縦にします。

4. 剣の刃を縦にしたまま、右手は後ろへ引きます。

5. 右手を右腰横まで下ろし、左手は指先を剣の柄（つか）に合わせます。左足を軽く寄せてつま先をつけます。

1．退歩回抽より、　　　2．体を右へ向け、　　　3．左手は指先を右
　　　　　　　　　　　　　　　　　　　　　　　　手首に合わせます。

4．右足を半歩
前に踏み込み、

5．そのまま重心を
右足にかけます。

6．左足を右足へ寄せて左
膝を引き上げ、左足をあげ
て片足立ち（独立歩）とな
ります。両腕は肘を伸ばし、
剣を前へ刺します。（刺剣）

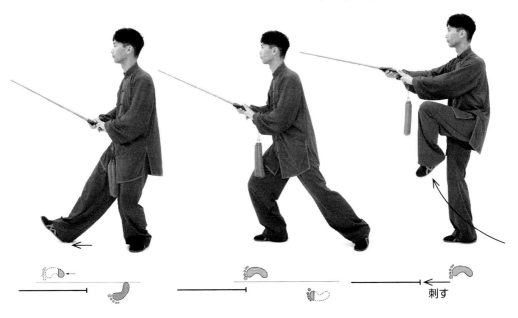

刺す

1. 独立上刺より、

2. 右膝を曲げて、腰を落としながら、

3．体を左へ向けて、
左足を左へ踏み込み、

4．重心を左足にのせて、
左手は左腰横を通します。

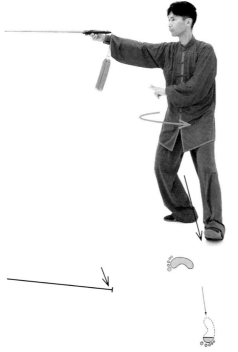

5. 剣を左へ払い、剣先を見ます。

6. 左手を軽くあげて、右手は手前に引いて胸前を通します。

振る

7. 重心を左足にかけます。

8. 左手を頭上へあげて、右手は右腰横に下ろします。右足は左へ進め、

9. つま先をつけ虚歩となります。体を右へ向け、右側を見ます。

1．虚歩下截より、

2．右足を左足へ寄せて、右手をあげます。

3．右足は後ろへ引いて、両手は胸前へあげます。

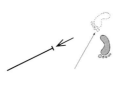

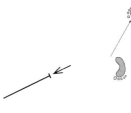

手首を返す

４．左手は、指先を
右手首に合わせます。

５．重心を右足にか
けて、体は右へ向け、

６．右手は掌を外側に返し、
剣の刃を縦にします。

手首を返す

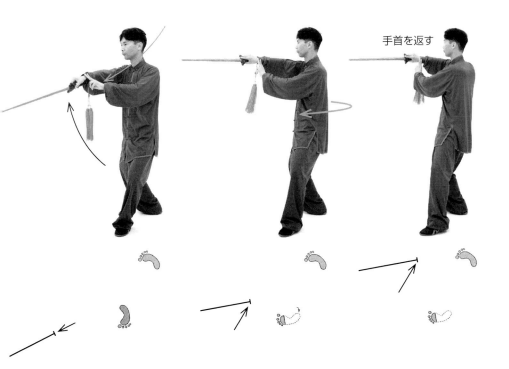

手首を返す

7. 体を軽く左へ向け、右手首を内へ回します。

8. 右手は掌を上に向けて左腰横へ合わせ、左足は右足へ寄せます。

9. 体を軽く左へ向けてから、左足を左へ踏み込み、

手首を返す

10. そのまま重心をかけ、左手
は左へ伸ばして頭上へあげます。

11. 弓歩となり、右腕は肘
を伸ばし、剣を刺します。こ
の時、剣の刃は横向きです。

1．左弓歩刺より、

2．重心を右足にかけて、体を少し右に向けます。

3．左足はつま先をあげます。両手を胸前へ移します。

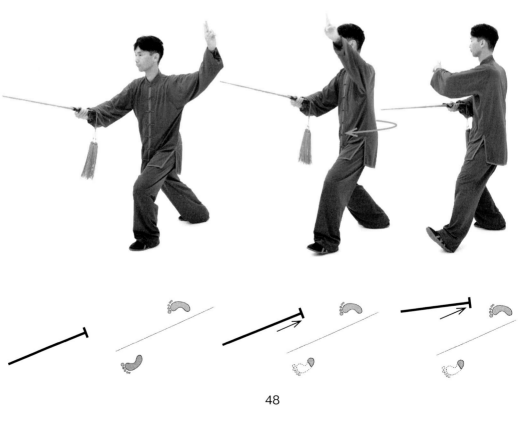

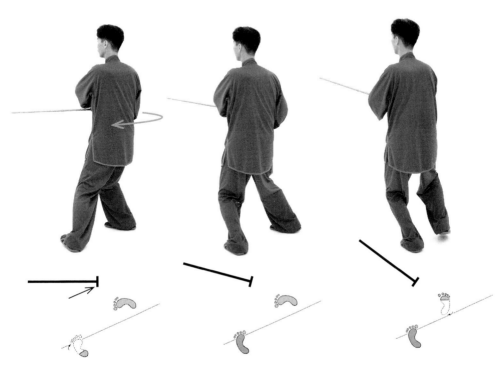

4．体を右へ向けて、左足は
つま先を内へ入れます。左手
は、右手の上に合わせます。

5．重心を左足にかけて、

6．右足はつま先を軸に
カカトを内へ回します。

49

７．右足を左足へ寄せます。剣を左の方へ軽く刺し、左手は剣指のまま指先を右手首に合わせます。

８．体を右へ向けて、右足をあげ、

９．右斜め前方へ踏み込みます。

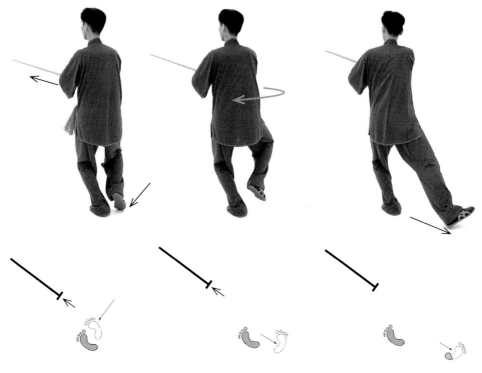

10. 体を更に右へ向け、両手は胸前を通します。

11. 右手首を内へ回して掌を下に向け、剣の軸を回転させ、重心を右足にかけます。

12. 剣は右へ払い、剣の刃を水平にし、剣先は左上に向けます。

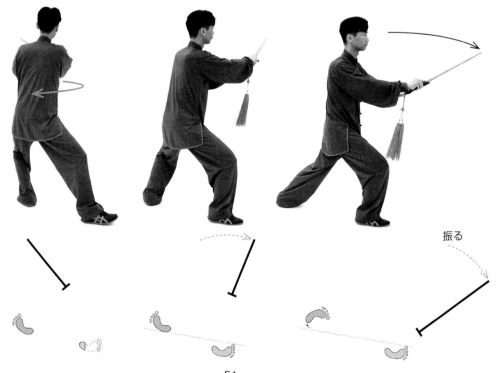

振る

1. 転身斜帯より、

2. 右足に重心をかけて、左手を左腰横へ引きます。

3. 左足を右足へ寄せ、左手を捻って、掌を上に向けます。

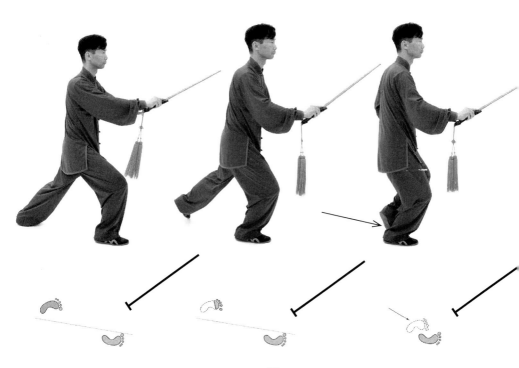

4. 左足は左斜め後ろに退いて、左手を背中へ回します。

5. 左手を左へ伸ばし、重心を左足にかけ、右足はつま先をあげます。

6. 右足は、左足へ引き寄せます。剣を左へ払って剣先を前に向け、左手は指先を右手首に合わせます。

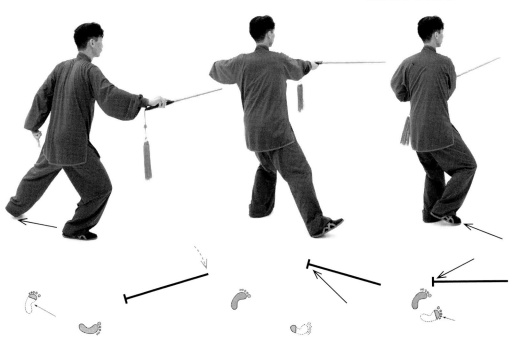

1．縮身斜帯より、　　2．右足を後ろに退いて、　　3．つま先をつけ、体を右へ向けて、両手は胸前へ移します。

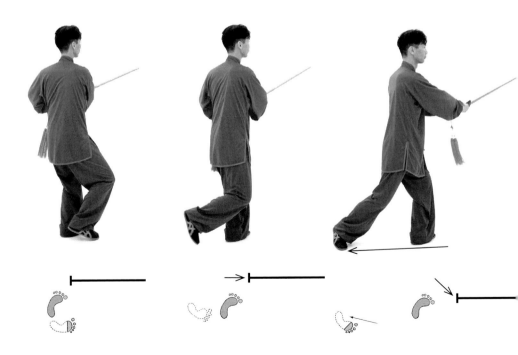

４．体を前に向け、右手は掌を下
に向け、剣の刃を水平にします。

５．重心を右足にか
けて虚歩となり、両
手は左右に開き、

６．左右腰の横
で抑えます。

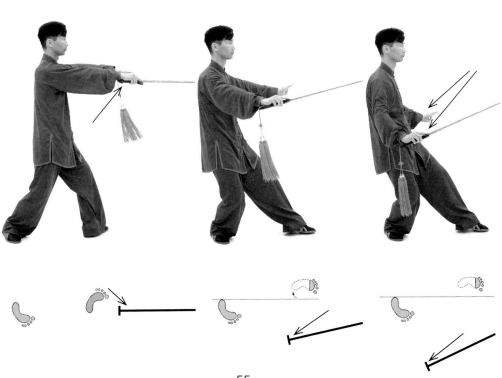

7. 左足を前に踏み込み、

8. そのまま重心を移し、左足はカカトをあげます。

9. 両手は胸前へ移します。

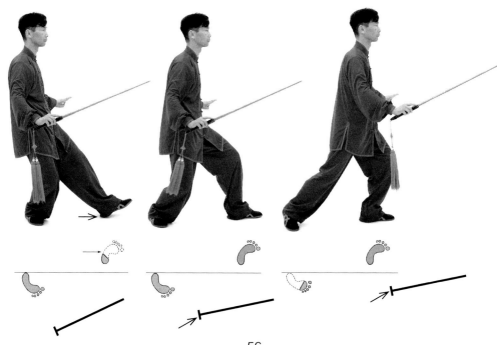

10. 左手を剣指から掌に開きます。

11. 右手首を内へ回して、剣の刃を水平にし、左手は右手の甲に合わせ、独立歩となります。

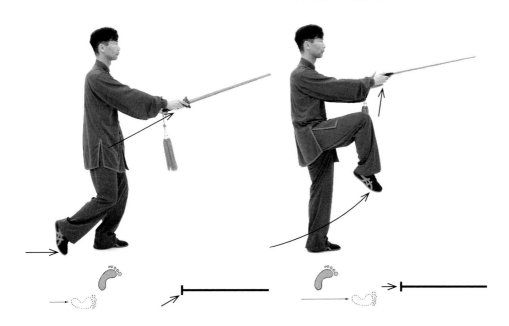

14 第14式 跳 歩 平 刺 （ティアオ・ブー・ピン・ツー） **tiào bù píng cì**

1．提膝捧剣より、

2．左膝を曲げて、腰を下げ、

3．右足はカカト から踏み込みます。

4．両手はお腹の
前に下ろします。

5．重心を右足へかけ、

6．両手を胸
前へあげます。

7．両腕は肘を伸ばします。

8．両膝を伸ばし、右足は
片足立ちとなります。剣は
体の前に向けて刺します。

9．左足は踏み込み、軽
く前へジャンプします。
両手は左右に開きます。

10．両手は掌を
下に返します。

11．右足を左足へ
寄せ、両手は左右の
腰の横で抑えます。

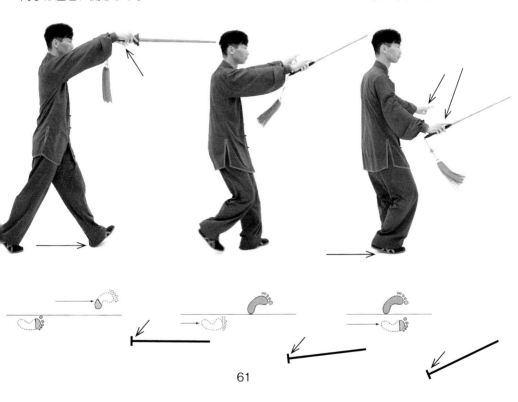

12. 剣の刃を横にして、剣先は左上へ向けます。

13. 右手は手首を内へ返して、掌を上に向け、右腰横へつけます。

14. 左手は体の左を通し、右足を右前に踏み込みます。

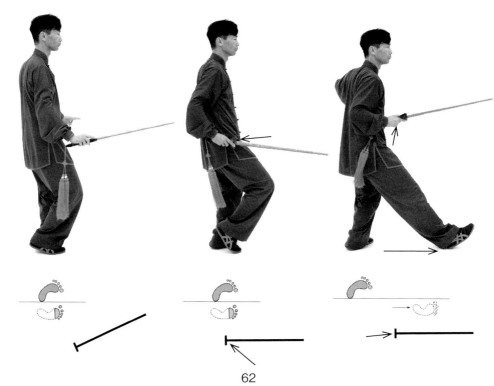

15. 重心を右足にかけ、
左手を頭上にあげます。

16. 弓歩となり、右腕は肘を
前へ伸ばして剣を刺します。

1．跳歩平刺より、

2．重心を左足にかけ、剣の刃を縦にして、頭上へ振り上げます。

3．体を左へ向けて、剣は体の左横へ移します。

4．左足を右足へ引き寄せ、両手は近づけます。

5．虚歩となり、左腰横で左手は指先を右手首に合わせます。

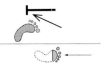

6. 右足を前へ踏み込み、

7. つま先を外側に向け、そのまま重心をかけ、剣先を後ろの方へ向けます。

8. 体を右へ向け、剣は体の右側を通します。

9．剣は体の前に進め、重心を右足にかけます。

10．剣は下から上へ振り上げます。

11．体を右へ向けて、剣先は斜め下に向けます。左足を前へ進め虚歩となります。

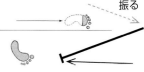

振る

１．左虚歩撩より、

２．体を右へ向けて、右手を後ろへ引きます。

３．左手はお腹まで下ろして、左足を軽く右足へ引き寄せます。

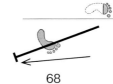

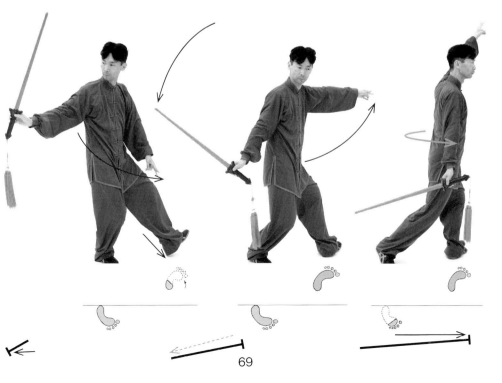

４．左手と左足を同時に
前へ進め、右腕を右斜め
後ろ向けて伸ばします。

５．左足に重心をか
けて、体を左へ向け、

６．両腕を伸ばし
て、左手を上、剣
を下へ回します。

７．右足は左足
の横を通します。

８．右足を前へ踏み込み
ます。この時、剣先は後
ろの方へ向けておきます。

９．重心を右足にかけながら、
剣先を徐々に前へ向けます。

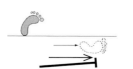

振る

10. 剣は体の前で下から上へ振り上げ、

11. 剣の刃を縦にして、剣先を少し下に向け構えます。

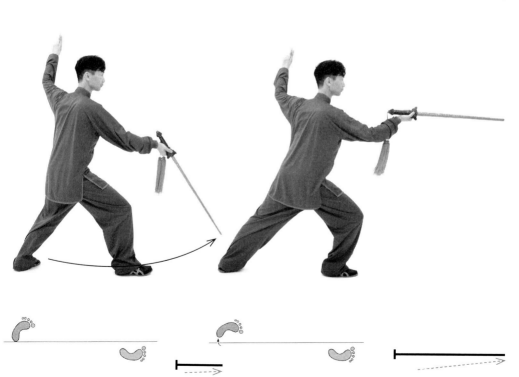

71

1．右弓歩撩より、

2．右手を手前に引いて、右足はつま先を内へ入れます。

3．胸前で左手は指先を右手首に合わせます。

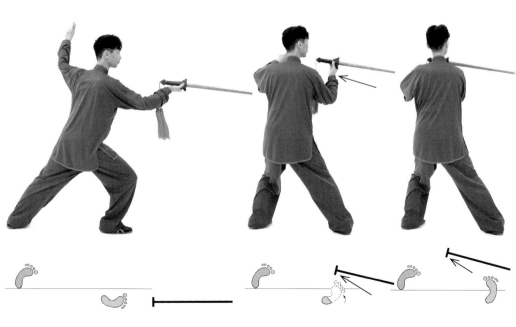

4．左足はつま先をあげ、

5．体を左へ向ける時に、つま先を外へ開きます。

6．右手は指先を体の向きと同じ方へ向け、剣を立てます。

振る

7．剣を体の前へ振り下ろします。

8．剣の刃を縦にして、剣先を体と同じ方へ向けます。剣先から右肩までは水平となります。

振る

9．左手は指先で
右手首を抑えます。

10．重心を右足にかけて、両手
は合わせたままお腹まで下ろし
ます。剣先は斜め上へ向けます。

11．体を右へ向け
て、両手は右腰横
まで引き寄せます。

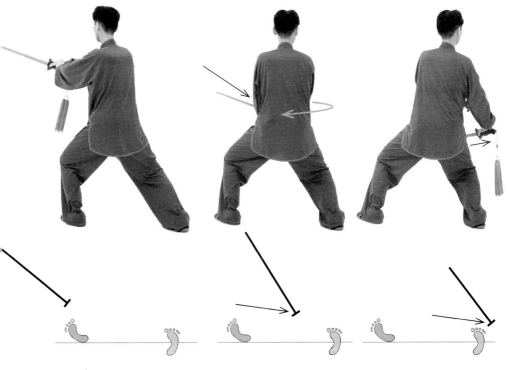

12. 左手は右腕の上を通して、

13. 右肩の前まであげます。

14. 体は軽く左へ向け、左手を左足つま先の方へ伸ばします。

15. 左足を軽く右足の方へ寄せ虚歩となります。

16. 右手を少し後ろへ引いて、剣先を右足の方へ向けます。

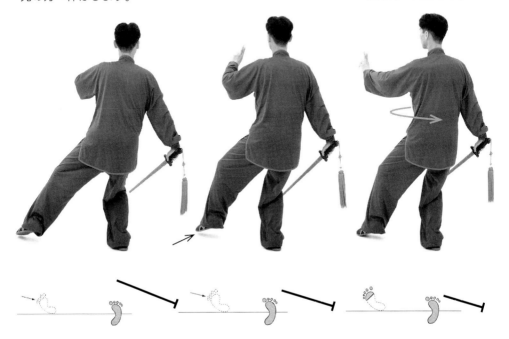

1．転身回抽より、

2．左足を左へ踏み込みます。

3．体を左へ向けて、左手は左へ払います。

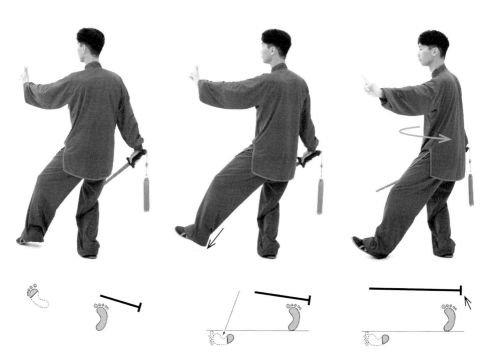

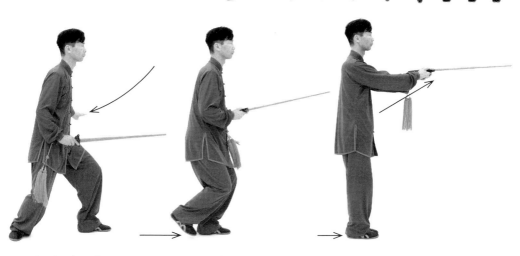

4. 左手は左へ伸
ばし、右手を右腰
横へあげます。

5. 左手を掌に変えてから、
両手は掌を上へ向け、左手
を下にして合わせます。

6. 右足を寄せて並歩と
なり、立ち上がります。
剣は剣の刃を横にして前
へ向けて刺します。

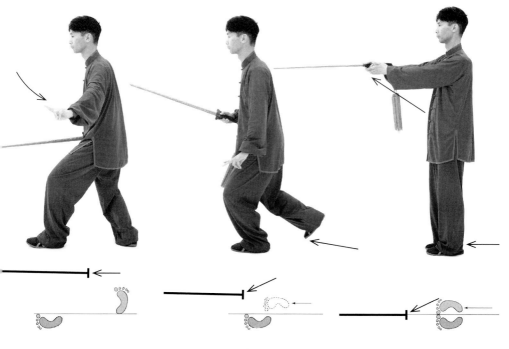

1．並歩平刺より、

2．右足はつま先を右へ開き、

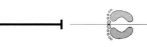

３．体を右へ向け、右手は掌を外へ返します。剣の刃は縦にします。

４．腰を下げながら、右手を後ろへ引きます。

５．体を左へ向け、左手はお腹の前を通します。

6．左足を左へ踏み込みます。右手を右腰横まで下ろし、剣を立て、剣先を上へ向けます。

7．右手を下げて、左手は左足と同じ方へ進めます。

8．重心を左足にかけ、右手は右足の横を通します。剣先は斜め下に向けます。

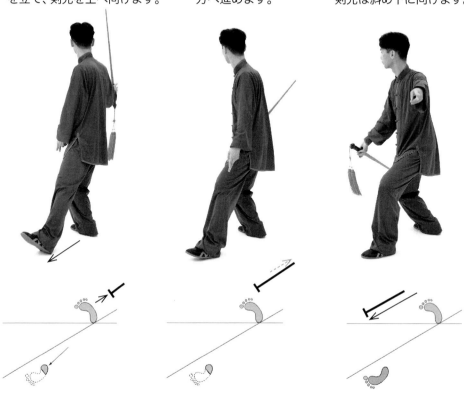

9. 体を左へ向けて、
左手は左へ伸ばします。

10. 左手を頭上にあげ、右手は顔の高さと
合わせます。剣先は右斜め下へ向けます。

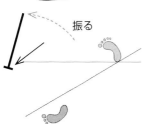

振る

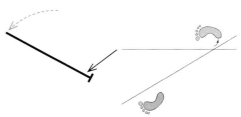

83

1．弓歩の歩型より、

2．重心を右足にかけて、左足はつま先を上げます。

3．体を軽く左へ向け、左足はつま先を外へ開きます。

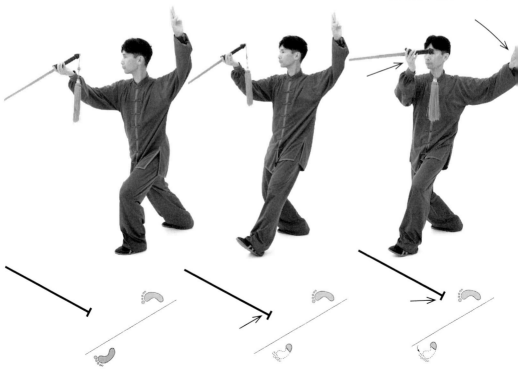

4．そのまま重心を左足にのせて、剣先を右上へ向けます。

5．右手は胸前を通し、剣先を上へ向けます。

6．右足を左足へ寄せて、両手は左腰横まで下ろします。

７．左手は指先を右手首に合わせます。

８．体を右へ向けて、右足は右へ踏み込みます。

９．両手はお腹の前を通し、剣先を左斜め下に向けます。

振る

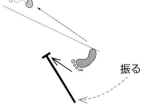

10. 両手を合わせ
たまま胸前に移し、

11. 両腕は軽く肘を伸ばし、
剣の柄を頭の高さに合わせま
す。剣先は、左下へ向けます。

振る

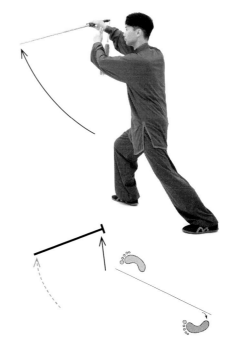

1．左弓歩攔より、

2．重心を左足にかけて、右足はつま先をあげます。

3．体を少し右へ向けて、右足はつま先を外へ開きます。

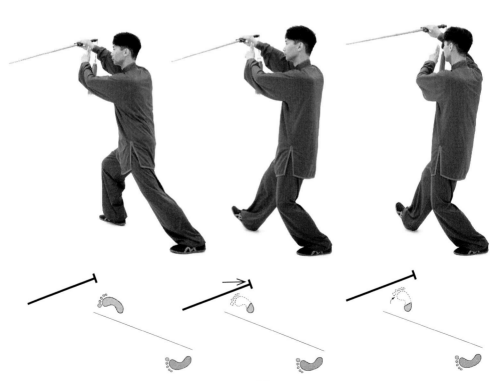

4．重心を右足へかけ、左手は左肩の前を通します。

5．右手は右腰横まで下ろし、

6．剣を立てて、剣先を上へ向けます。左足を右足へ寄せます。

89

21　第21式　左弓歩攔 （ズォ・ゴン・ブー・ラン）　**zuǒ gōng bù lán**

7．左手はお腹の前を通し、

8．体を左へ向けて、左足と左手は同じ方へ進めます。

9．剣の刃を縦にして、剣先を右斜め後ろへ向けます。

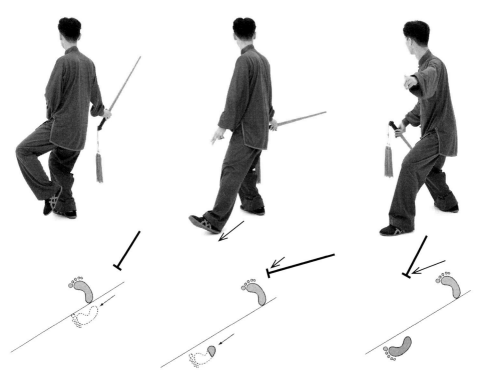

10. 重心を左足にかけ、左手を左へ伸ばし、剣は体の右側を通します。

11. 弓歩となり、左手は頭上へあげ、右手は顔の高さと合わせます。剣先は右下へ向けます。

振る

1. 左弓歩攔より、

2. 重心を左足にのせ、右足を寄せます。

3．右足を前へ踏み込み、左手は剣に近づけます。

4．剣は剣先を下へ向け、左手は右手首に合わせます。

5．重心を右足にかけて、両手は合わせたまま、お腹まで下げます。

振る

22　第22式　進歩反刺 （ジン・ブー・ファン・チー）　jìn bù fǎn cì

6．体を右へ向け、両手を離します。

7．両手は前後に伸ばします。剣は刃を縦にして、剣先を後ろへ向けます。

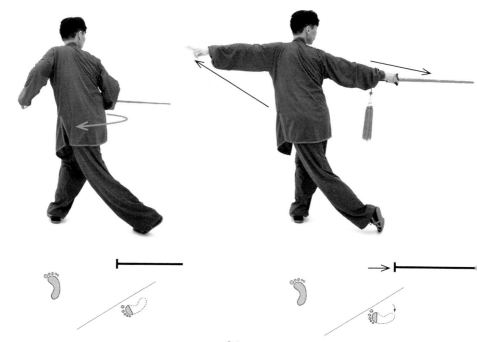

94

8．右足を左足へ寄せて、
剣先を軽く上へ向けます。

9．左足を左へ踏み込み、
左腕は肘を少し曲げます。

10. 剣を体に近づけ、

11. 剣先を斜め上へ向けます。

12. 重心を左足にかけ、右
手は右肩まで引き寄せます。

13. 弓歩となり、右手を
頭上へあげ、左手は指先
を右手首に合わせます。

振る

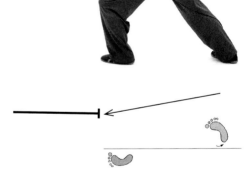

１．剣の刃を縦にして、
剣先を少し下へ向けます。

２．重心を右足にかけ、
両手は顔前へ引きます。

３．左足はつま先を内へ
入れ、体を右へ向けます。

４．重心を左足にかけ、
左手を下ろします。

５．虚歩となり、左手は
掌を上へ向け、お腹の前
を通します。剣先は左斜
め後ろへ向けます。

6．左足を右足へ
寄せてから、

7．体を右へ向け、右
足を右へ踏み込みます。

8．右手を下げて、
剣先を上へ向けます。

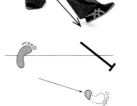

9．剣を振り下ろし、剣先は右足
のつま先と同じ方へ向けます。

10．剣先から右肩までを水平
にして、左手を頭上にあげます。

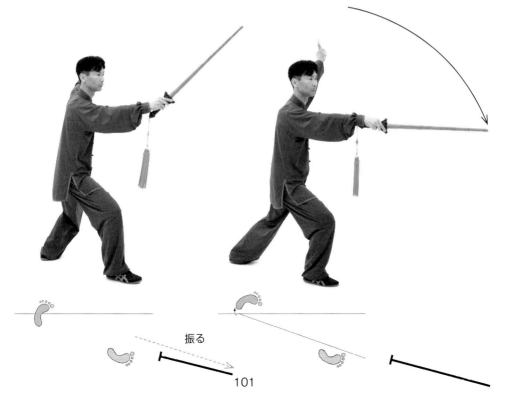

振る

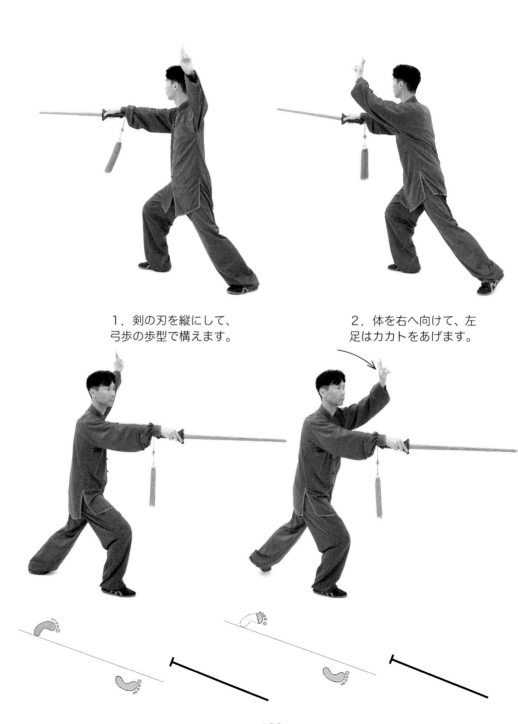

1. 剣の刃を縦にして、弓歩の歩型で構えます。

2. 体を右へ向けて、左足はカカトをあげます。

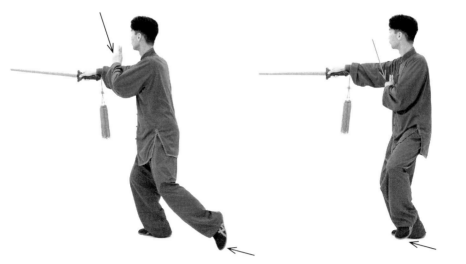

3．左手を下ろし、左足を寄せます。　　　　4．左手は右肩の前へ通します。

5. 体を左へ向けて、左足を前へ踏み込みます。左手はお腹の前を通します。

6. 左手を左へ払い、右手は掌を上に向け、剣先を少し下へ向けます。

7. 左手は左へ弧を描きながらあげて、胸前を通し、指先を右手首に合わせます。

8．右手は体の前を通して、剣先を上へ向けます。	9．右手は、お腹までおろし、剣先を斜め上へ向けます。	10．両手を合わせたまま軽くあげて、	11．右足を体の前へ進めて虚歩となり、両手は胸前へあげて、剣先を斜め下へ向けます。

振る

１．剣の刃を縦にして、虚歩の歩型で構えます。

２．右手は掌を外側に向け、剣の刃を横にします。剣先を下の方へ向けます。

３．右手は手首を右へ回して、剣の刃を縦にします。

４．剣を右へ回します。

106

5．右手は掌を手前へ向け、剣の刃を縦にして、剣先を右へ向けます。

6．剣は顔前を通し、右足を左足の後ろへ引きます。

7．腰を軽く下げて、剣は体の左へ移します。

8．剣先を左へ向けて、剣の刃を縦にします。

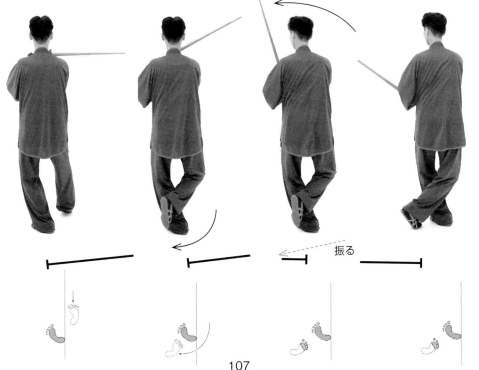

振る

9. 体を右へ向けながら、

10. 左足はカカトをあげて、両足ともつま先立ちとなります。

11. 両足のつま先を軸にして、体を右へ向けます。

12. 両足を踏んで、剣は体の右横を通します。

13. 両手は胸前を通し、剣を頭上へあげます。

14. 剣の刃を縦にして、剣先は前へ向けます。左足をあげて独立歩となります。

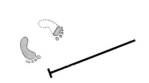

1．独立平托より、

2．右膝を曲げ、腰を下げて、左足は前へ踏み込みます。

3．重心を左足にかけて、剣先を下へ向けます。

4．体を左へ向けて、剣先を後ろの方へ向けます。

5．左手は右手の下に差し込みます。

6．左足をあげて、両手は上下に開きます。

7．右手は手首を内へ返
し、掌を外へ向けます。

8．右手を頭上へ
振り上げ、右足を
右へ踏み込みます。

9．剣の刃を縦にして、
剣先を後ろへ向けます。

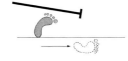

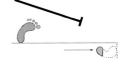

10. 左手は体の後ろへまわし、弧を描きながら頭上へあげます。

11. 剣は、剣の刃を縦にしたまま体の前へ振り下ろします。剣先は前へ向けます。

振る

１．弓歩の歩型より、

２．左膝を曲げて、右足はつま先をあげます。

3．右手を引いて、剣先
を軽く上へ向け、左手は
右肩の前へ移します。

4．重心を右足にかけ、
体を右へ向けます。剣
は体の右側を通します。

5．体をさらに右へひ
ねり、右手は手の甲を
外側へ向けて、剣を右
斜め後ろへ払います。

振る

6．左足を寄せて、左手はお腹の前を通し、左側へ払います。

7．右手は右へ伸ばし、掌を上に向け、剣の刃を横にします。剣先は右斜め後ろへ向けます。

8．左足は前へ踏み込みます。左手は左へ伸ばし、両手の高さを頭の高さと合わせます。両掌は上へ向けます。

9. 左足に重心をかけ、両手を体の前へ進めます。

10. 剣を体の前へ向けて振り下ろし、左手は指先を右手首に合わせます。

11. 右足は歩を前へ進め虚歩となり、剣の刃を縦にして、剣先を斜め下へ向けます。

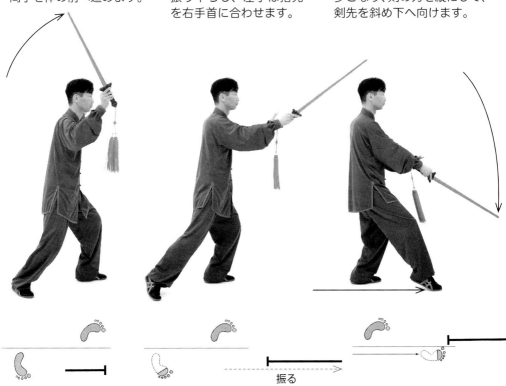

振る

1．虚歩抡劈より、

2．右足を軽く上げて、左手は右手首から離します。

3．腰を軽く下げて、右足を後ろへ引きます。

4．右足は右斜め後ろへ下げて、

5．つま先をつけ、つま先を
軸にカカトを内へ入れます。

6．右膝を曲げて、右手は掌を上へ向け、剣の刃を横にし、剣先を左へ向けます。

7．右手を胸前へあげて、剣先を左斜め前に向けます。

8．体を右へ向けて、剣は体の前を通します。

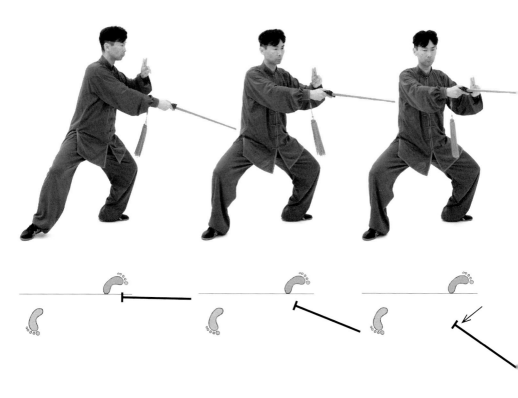

9．左手を下げて、剣は右へ払います。	10．左手は左腰横で抑え、剣を更に右へ払い、剣先を右斜め前へ向けます。	11．剣先、右足のつま先、左手の指先は同じ方へ向けて、弓歩の歩型で構えます。

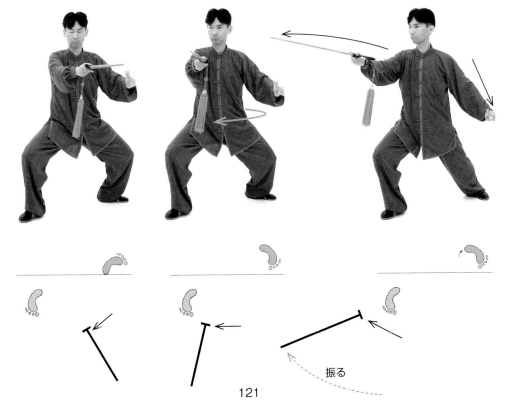

振る

121

1．剣先を右斜め前へ向け、剣の刃を横にして、弓歩で構えた姿勢より、

2．重心を左足にかけ、体を左へ向けて、剣先を右へ向けます。

3．剣は剣先を右の方へ向けたまま、左手は左へ払います。

4．右足はつま先を
上げて内へ入れます。

5．剣の刃は横のたまま、
剣先を左へ向けます。

6．右手首を内へ返し、
剣の軸を回転させ、剣
の刃をやや縦にします。

振る

7. 剣の刃を横にして、右手は胸前へ引き、左手を左へ伸ばします。

8. 重心は右足にかけ、体を右へ向けて、左手をあげます。

9. 左手は顔前を通し、胸前へ移して、左手は剣の高さと合わせます。

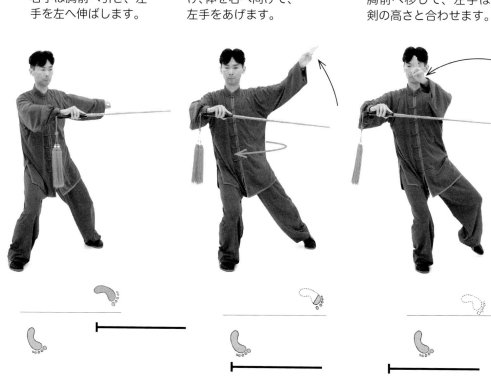

10. 左足を右足へ寄せます。この時、左足はつま先をつけません。

11. 左足を軽く進めて、

12. 体を左へ向け、左足は左へ踏み込みます。

13. 右手は手首を巻き込んで掌を上に向け、右腰横へ引き寄せます。

14. 重心を左足にかけ、剣の刃を横にして、剣先を前へ向けます。

15. 右足は左足へ寄せて、左手は体の左へ伸ばします。

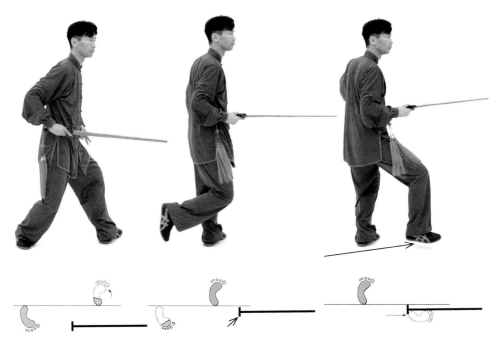

16. 右足は右へ踏み込み、弓歩となり、

17. 左手を頭上にあげ、剣は剣の刃を横にしたまま、前へ刺します。

1．進歩平刺より、

2．重心を左足にかけ
て、右手を振り上げ、

３．剣の刃を縦にして、
剣先を斜め上へ向けます。

４．右足を引いて、両手
は左腰横まで下ろします。

５．右足はつま先をつけ、
丁歩となり、左手は指先
を右手首に合わせます。

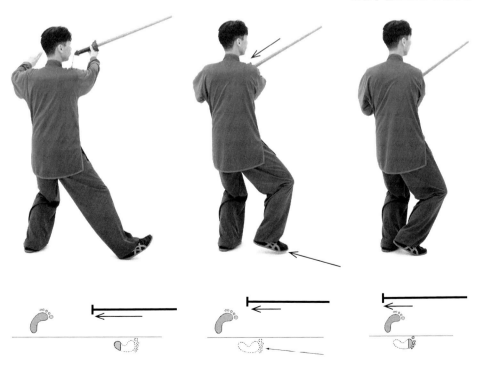

１．剣の刃を縦にして、剣先を斜め上へ向けた姿勢より、

２．両手を合わせたまま、体を右へ向けます。

３．剣の刃を体に近づけて、

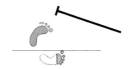

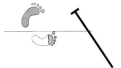

4．剣を左へ体の前を通
して、縦に回転させます。

5．右足を右
へ踏み込み、

6．右足はつま先を外へ開
き、そのまま重心をかけ、
剣は体の前を通します。

振る

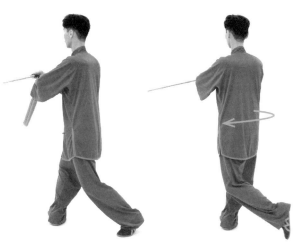

7．体を右へ向け、
掌を下に返して、

8．剣の刃を横
にして、剣先を
左へ向けます。

9．右足を軸にして、
体を右へ向けます。

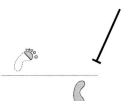
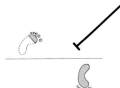

10. 左足は右足
の横を通し、

11. カカトから
つけます。

12. 左足はカカトを
軸につま先を内へ入
れ、体を右へ向けます。

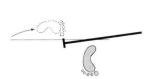

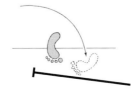

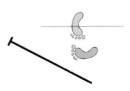

13. 重心を左足にかけ、右足を浮かせます。

14. 左足を軸にして体を右へ向けます。

15. 右足を後ろへ引いて、つま先をつけ、

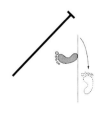

16. そのまま重心をかけ、両手は左右に開きます。

17. 左足はつま先を軸にして、カカトを外へ回し、虚歩となります。

18. 両手は腰横で抑えて、左手は指先を前へ向け、剣は刃を横にして、剣先を左上へ向けます。

1．旋転平抹より、

2．体を右へ向けて、左足を寄せます。

3．両手は腰の横へ引いて、剣の刃は縦にして剣先を前へ向け、左手は掌を下に向けます。

４．左足を左前へ踏み込みます。両手は体の正面へ進めます。

５．体の正面で、左手は右手首に合わせます。

６．両手を合わせたまま剣は前へ向けて刺し、弓歩となります。

1．弓歩直刺より、

2．重心を軽く右足へかけて、体を右へ向けます。

3．両手は合わせたまま胸前へ引きます。

4．剣を左手に持ち替え、右手は柄から離します。

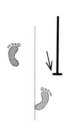

138

5. 重心を左足へ
かけて、右手は左
腰横へ下ろします。

6. 左手は顔前へ
払い、剣の柄を上
の方へ向けます。

7. 左手はその
まま左肩の前へ
伸ばします。

8. 右足を寄せ
て、両手は上下
に入れ替えます。

終 収 勢 （ショウ・シー） **shōu shì**

9．剣の柄を下へ向けて、左手は指先を上へ向けます。

10．左手は左肩の前へ下ろします。

11．両膝を伸ばし、

12．右手は体の右側に下げます。

13. 重心を右足に
かけて、左足はカ
カトをあげます。

14. 左足をあげ
て、右足に寄せ、

15. つま先からつけ
て、重心を左右の足
に均等にかけます。

16. 32式太極剣
の套路を終えます。

大畑 裕史 （おおはた・ひろふみ）

　1974 年、埼玉県生まれ。1993 年 3 月〜 99 年 7 月に渡り、北京体育大学に留学。1997 年、武術太極拳技術等級、国家 1 級取得。

　1998 年、同大学武術学部、卒業。

　現在、埼玉県内（坂戸市、上尾市、川越市、東松山市、ふじみ野市）において指導を行っている。

　2006 年春、太極拳スタジオ氣凛を設立。（東上線「北坂戸駅」）個人レッスン、少人数制クラスを中心に指導をしている。

太極拳スタジオ 氣凛（きりん） http://kirin.ohhata.com
　　住所：埼玉県坂戸市薬師町２２−３　２階
　　電話：049-281-3471　E-mail：info@kirin.ohhata.com

　　収録曲：思い出（癒しの BGM 太極拳）　作曲者：鈴木俊夫

超スロー 32 式太極剣 DVD 2枚

2023 年 4 月 10 日　改定第 2 版 発行

著　者	大畑裕史
発行者	今堀信明
発行所	株式会社　愛隆堂（Airyudo）

　　　　〒 102−0074
　　　　東京都千代田区九段南 2-5-5
　　　　電　話　　03 (3221) 2325
　　　　Ｆ Ａ Ｘ　　03 (3221) 2332
　　　　振　替　　00110−4−553

印　刷　モリモト印刷株式会社
製　本　有限会社　島川製本所

ISBN978-4-7502-0350-8　　　Printed in Japan